ЗВЁЗДНЫЙ МАЛЬЧИК
Оскар Уайльд

THE STAR CHILD
Oscar Wilde

Bilingual Russian/English Fairy Tale
Translated and Illustrated by Svetlana Bagdasaryan
Adapted by Emilia Mikaelian

Предисловие

"Сказки моей бабушки" - это серия сказок народов мира. В каждой книге сказка излагается синхронно на двух языках. Книги могут быть интересны как взрослым, так и детям.

Вы сможете прочитать историю на языке, который вы изучаете и проверить ваше понимание, прочтя тот же текст на вашем родном языке. Нет необходимости открывать словарь. Мы употребляем несложные выражения, чтобы сделать книгу легко понимаемой для начинающих.
Мы надеемся, что вы получите удовольствие, читая наши книги, и одновременно улучшите знание изучаемого вами языка.

"Звёздный мальчик" - это добрая сказка-притча Оскара Уайлда о младенце, которого нашли в лесу сразу после того, как с неба на землю упала звезда. Сын ли он звезды или простой смертный - об этом герой узнает, пройдя множество испытаний, самое сложное из которых было испытание тщеславием и гордыней.

Preface

"My Grandma's Fairy Tales" is a series of fairy tales from around the world. The books are bilingual and should be interesting for adults and children as well.

You can read the story in the language that you are learning and verify your understanding by reading the same text in your native language. No need to open the dictionary. We use simple phrases to make the book easy to understand for beginners.

We hope that you will enjoy reading our books while improving knowledge of the language you are learning.

"The Star-Child" is Oscar Wilde's loving fable and fairy tale about a newborn boy found in a forest right when a shooting star fell from the heavens. Whether he is the son of the star or a just a mortal human being, the boy will learn, having gone through many ordeals, the harshest of which were those of pride and vanity.

Как-то два дровосека возвращались домой из соснового леса. Стояла зима, была лютая стужа. Снег густо укутал землю и деревья, мороз сковал всё на их пути, а маленькая речка, сбегавшая с гор, заледенела и стала неподвижной, когда морозное дыхание зимы коснулось её.

Было так холодно, что даже звери и птицы замёрзли и не знали, как согреться.

- Уф! - проворчал волк, ковыляя через чащу с поджатым хвостом. - Что за жуткая погода! Куда только смотрит правительство?

- Фъить, фьить! - запикала пёстрая коноплянка. - Старушка-земля умерла, и её накрыли белым саваном.

* * *

Once upon a time two poor Woodcutters were making their way home through a great pine-forest. It was winter, and a night of bitter cold. The snow lay thick upon the ground, and upon the branches of the trees: the frost kept snapping the little twigs on either side of them, as they passed: and when they came to the Mountain-Torrent she was hanging motionless in air, for the Ice-King had kissed her.

So cold was it that even the animals and the birds did not know what to make of it.

"Ugh!" snarled the Wolf, as he limped through the brushwood with his tail between his legs, 'this is perfectly monstrous weather. Why doesn't the Government look to it?'

"Weet! weet! weet!" twittered the green Linnets, "the old Earth is dead and they have laid her out in her white shroud."

- Земля готовится к свадьбе и примеряет свой подвенечный наряд, - шептались голуби.

Их маленькие розовые лапки совсем замёрзли, но они чувствовали, что должны относиться к этому с пониманием.

- Глупость! - огрызнулся волк. - Я же сказал - во всём виновато правительство, а если, кто мне не верит, я того съем.

Волк был весьма практичен, и его не возможно было переспорить.

- А я думаю, - сказал дятел, который был прирождённым философом, - все объяснения излишни. Жизнь такова, какова она есть, а сейчас она ужасно холодна.

Действительно было жутко холодно. Бельчата, жившие в дупле высокой ели, тёрлись друг о друга носами, чтобы согреться, а зайцы лежали, свернувшись калачиком в своей норе, и не смели даже выглянуть наружу. Казалось, что только совы были в восторге. Их перья заиндевели и торчали во все стороны, но сов это не волновало, и они вертели своими большими жёлтыми глазами, громко перекрикиваясь друг с другом через весь лес:

- У-ух! У-хо-хо! Чудесная погода!

Дровосеки продолжали свой путь, дыханием согревая свои озябшие пальцы и топая тяжёлыми сапогами по затвердевшему снегу. Раз они провалились в глубокий сугроб и вылезли оттуда белые, как мельник, мелящий муку. В другой раз они поскользнулись на льду, а весь хворост разлетелся вокруг, и им пришлось снова его собирать и связывать; потом им показалось, что они заблудились, и их охватил жуткий страх, так как они знали, как жесток снег с теми, кто засыпает в его объятиях. Они доверились святому Николе-Чудотворцу, который помогает всем путешественникам, вернулись назад по своим следам и осторожно двинулись дальше. Наконец они выбрались на опушку леса и в долине далеко внизу увидели огоньки своей деревни.

"The Earth is going to be married, and this is her bridal dress," whispered the Turtle-doves to each other.

Their little pink feet were quite frost-bitten, but they felt that it was their duty to take a romantic view of the situation.

"Nonsense!" growled the Wolf. "I tell you that it is all the fault of the Government, and if you don't believe me I shall eat you."

The Wolf had a thoroughly practical mind, and was never at a loss for a good argument.

"Well, for my own part," said the Woodpecker, who was a born philosopher, "I don't care an atomic theory for explanations. If a thing is so, it is so, and at present it is terribly cold."

Terribly cold it certainly was. The little Squirrels, who lived inside the tall fir-tree, kept rubbing each other's noses to keep themselves warm, and the Rabbits curled themselves up in their holes, and did not venture even to look out of doors. The only people who seemed to enjoy it were the great horned Owls. Their feathers were quite stiff with rime, but they did not mind, and they rolled their large yellow eyes, and called out to each other across the forest, "Tu-whit! Tu-whoo! Tu-whit! Tu-whoo! What delightful weather we are having!"

On and on went the two Woodcutters, blowing lustily upon their fingers, and stamping with their huge iron-shod boots upon the caked snow. Once they sank into a deep drift, and came out as white as millers are, when the stones are grinding; and once they slipped on the hard smooth ice where the marsh-water was frozen, and their faggots fell out of their bundles, and they had to pick them up and bind them together again; and once they thought that they had lost their way, and a great terror seized on them, for they knew that the Snow is cruel to those who sleep in her arms. But they put their trust in the good Saint Martin, who watches over all travellers, and retraced their steps, and went warily, and at last they reached the outskirts of the forest, and saw, far down in the valley beneath them, the lights of the village in which they dwelt.

Дровосеки громко расхохотались от радости, и земля показалась им усыпанной серебром, а месяц - золотым.

Но потом они вспомнили нищету, которая ждёт их дома, и снова загрустили.

- Тут не до веселья, - сказал один из них. - Жизнь устроена для богатых, а не для таких бедняков, как мы. Лучше бы мы замёрзли в лесу или какой-нибудь дикий зверь напал бы на нас и убил.

- Ты прав, - ответил второй, - у одних всё, у других ничего. Вокруг одна ложь, и всё, кроме горя, делится несправедливо.

Пока они жаловались друг другу, случилось что-то необыкновенное. Яркая красивая звезда упала с небосвода; дровосеки следили, как она пролетела мимо луны, мимо других звёзд и, пролетев млечный путь, оказалась над их лесом. Казалось, что она упала совсем рядом - за старыми ивами.

* * *

So overjoyed were they at their deliverance that they laughed aloud, and the Earth seemed to them like a flower of silver, and the Moon like a flower of gold.

Yet, after that they had laughed they became sad, for they remembered their poverty, and one of them said to the other, "Why did we make merry, seeing that life is for the rich, and not for such as we are? Better that we had died of cold in the forest, or that some wild beast had fallen upon us and slain us."

"Truly," answered his companion, "much is given to some, and little is given to others. Injustice has parcelled out the world, nor is there equal division of aught save of sorrow."

But as they were bewailing their misery to each other this strange thing happened. There fell from heaven a very bright and beautiful star. It slipped down the side of the sky, passing by the other stars in its course, and, as they watched it wondering, it seemed to them to sink behind a clump of willow-trees that stood hard by a little sheepfold no more than a stone's-throw away.

- Должно быть, это большой кусок золота, - вскричали они и бросились к тому месту, где упала звезда: очень уж им хотелось получить хоть немного золота.

Один дровосек опередил своего товарища, продрался через заросли и выбежал на поляну. Ну и ну! На белом снегу и правда что-то блестело. Нагнувшись к нему, дровосек заметил, что это был в несколько раз свёрнутый плащ из дорогого золотистого шёлка с вышитыми звёздами.

Он закричал своему приятелю, что нашёл клад, упавший с неба. Когда тот добежал, они опустились в снег и стали разворачивать свёрток, предвкушая, как будут делить золото. Увы! Там не было ни золота, ни серебра, ни иных драгоценностей: в плаще спокойно спал маленький ребёнок.

***

"Why! there is a crook of gold for whoever finds it," they cried, and they set to and ran, so eager were they for the gold.

And one of them ran faster than his mate, and outstripped him, and forced his way through the willows, and came out on the other side, and lo! there was indeed a thing of gold lying on the white snow. So he hastened towards it, and stooping down placed his hands upon it, and it was a cloak of golden tissue, curiously wrought with stars, and wrapped in many folds. And he cried out to his comrade that he had found the treasure that had fallen from the sky, and when his comrade had come up, they sat them down in the snow, and loosened the folds of the cloak that they might divide the pieces of gold. But, alas! no gold was in it, nor silver, nor, indeed, treasure of any kind, but only a little child who was asleep.

- Какое горькое разочарование, - сказал один другому. - Как не везёт: какой прок мужчине от ребёнка? Давай оставим его здесь и пойдём своей дорогой. Мы так бедны, что должны думать, как прокормить своих детей, а не чужих.

- Нет, - сказал другой. - Это будет чудовищно бросить его на погибель в снегу. Хотя я и беден, как ты, и каши в нашем котелке никогда не хватает на всех, но я возьму его с собой, и моя жена позаботится о нём.

Он бережно взял ребёнка на руки и закутал его в плащ, чтобы тот не замёрз. Спускаясь с холма в долину, его товарищ дивился его глупости и добросердечию.

Когда они пришли в деревню, он сказал:

- Мы должны поделиться: если ты берёшь ребёнка, то отдай мне плащ.

- Не могу, - ответил дровосек. - Плащ ни тебе, ни мне не принадлежит: он собственность ребёнка.

Простившись с товарищем, он постучал в дверь своего дома.

Жена очень обрадовалась его приходу и бросилась к нему в объятия; она подхватила вязанку с хворостом, отряхнула снег с его сапог и пригласила в дом.

- Я что-то нашёл в лесу и хочу, чтобы ты об этом позаботилась, - сказал он, не двигаясь с места.

- Что это? - воскликнула она. - Покажи мне: у нас многого не хватает в доме.

Муж развернул плащ и показал ей спящего ребёнка.

- Бог ты мой! - пробормотала жена. - Неужели тебе мало наших детей, что ты принёс этого подкидыша? Как мы будем его кормить и воспитывать, когда нет сил держать и своих детей? Кто поручится, что этот ребёнок не принесёт нам несчастья! - и жена рассержено посмотрела на него.

And one of them said to the other: "This is a bitter ending to our hope, nor have we any good fortune, for what does a child profit to a man? Let us leave it here, and go our way, seeing that we are poor men, and have children of our own whose bread we may not give to another."

But his companion answered him: "Nay, but it were an evil thing to leave the child to perish here in the snow, and though I am as poor as you are, and have many mouths to feed, and but little in the pot, yet will I bring it home with me, and my wife shall have care of it."

So very tenderly he took up the child, and wrapped the cloak around it to shield it from the harsh cold, and made his way down the hill to the village, his comrade marvelling much at his foolishness and softness of heart.

And when they came to the village, his comrade said to him, "You have the child, therefore give me the cloak, for it is meet that we should share."

But he answered him: "Nay, for the cloak is neither mine nor yours, but the child's only," and he bade him Godspeed, and went to his own house and knocked.

And when his wife opened the door and saw that her husband had returned safe to her, she put her arms round his neck and kissed him, and took from his back the bundle of faggots, and brushed the snow off his boots, and bade him come in.

But he said to her, "I have found something in the forest, and I have brought it to you to have care of it," and he stirred not from the threshold.

"What is it?" she cried. "Show it to me, for the house is bare, and we have need of many things." And he drew the cloak back, and showed her the sleeping child.

"Alack, goodman!" she murmured, "have we not children of our own, that you must needs bring a changeling to sit by the hearth? And who knows if it will not bring us bad fortune? And how shall we tend it?" And she was wroth against him.

- Но это Звёздный Мальчик, - ответил муж и рассказал ей странную историю своей находки.

Но жену трудно было успокоить, и она продолжала сердито ворчать:

- Нашим детям не хватает хлеба, а ты хочешь, чтобы мы ещё и чужого кормили. Кто позаботится о нас? Кто нас накормит?

- Бог заботится не только о людях, но даже и о воробьях, - ответил он.

- Разве воробьи не умирают от голода зимой? - спросила она. - И разве сейчас не зима?

Но муж не отвечал и по-прежнему не переступал порога.

Порыв холодного ветра из леса ворвался через открытую дверь; жена вздрогнула и сказала:

- Ты не закроешь дверь? В дом дует холодный ветер, и я мёрзну.

- В доме, где чёрствое сердце, никогда не будет тепло, - ответил он.

Жена промолчала и лишь ближе придвинулась к камину.

Через мгновение, когда она опять повернулась к мужу, глаза её были полны слёз. И тогда он вошёл в дом, и жена нежно взяла ребёнка в свои руки, поцеловала его и положила в кроватку к их младшему сынишке. Утром дровосек сложил золотой плащ и убрал его на самое дно старого сундука, а жена взяла янтарное ожерелье, которое было на шее мальчика, и тоже положила его в сундук.

Так Звёздный Мальчик остался жить в семье дровосека. Он рос вместе с его детьми, вместе они сидели за обеденным столом и вместе играли. С каждым годом он становился всё красивее. Соседи часто удивлялись, почему, когда другие дети дровосека были смуглы и с чёрными, как смоль, волосами, этот ребёнок был бледен и изыскан, как статуэтка из слоновой кости; его золотые кудри колечками спадали вниз, а губы были похожи на лепестки красного цветка; глаза его напоминали фиалки на берегу чистого ручья, а его фигура точно нарциссы на нетронутой опушке леса.

"Nay, but it is a Star-Child," he answered; and he told her the strange manner of the finding of it.

But she would not be appeased, but mocked at him, and spoke angrily, and cried: "Our children lack bread, and shall we feed the child of another? Who is there who cares for us? And who gives us food?"

"Nay, but God cares for the sparrows even, and feeds them," he answered.

"Do not the sparrows die of hunger in the winter?" she asked. "And is it not winter now?"

And the man answered nothing, but stirred not from the threshold.

And a bitter wind from the forest came in through the open door, and made her tremble, and she shivered, and said to him: "Will you not close the door? There comes a bitter wind into the house, and I am cold."

"Into a house where a heart is hard comes there not always a bitter wind?" he asked. And the woman answered him nothing, but crept closer to the fire.

And after a time she turned round and looked at him, and her eyes were full of tears. And he came in swiftly, and placed the child in her arms, and she kissed it, and laid it in a little bed where the youngest of their own children was lying. And on the morrow the Woodcutter took the curious cloak of gold and placed it in a great chest, and a chain of amber that was round the child's neck his wife took and set it in the chest also.

So the Star-Child was brought up with the children of the Woodcutter, and sat at the same board with them, and was their playmate. And every year he became more beautiful to look at, so that all those who dwelt in the village were filled with wonder, for, while they were swarthy and black-haired, he was white and delicate as sawn ivory, and his curls were like the rings of the daffodil. His lips, also, were like the petals of a red flower, and his eyes were like violets by a river of pure water, and his body like the narcissus of a field where the mower comes not.

Но красота сделала его злым. Мальчик рос гордым, жестоким и самолюбивым. Он с презрением относился к детям дровосека и к другим деревенским детям, считая себя благородным, рождённым от звезды, а их - простолюдинами. Звёздный Мальчик считал себя повелителем, а их называл своими слугами. В нём не было ни капли жалости к нищим, слепым и убогим. Он бросал в них камни и прогонял их. Так что никто, просящий подаяния, не заходил в их деревню дважды. Звёздный Мальчик обожал красоту и ненавидел хромых и калек. Стоило им появиться на улице, как он начинал издеваться и насмехаться над ними. Он любил только самого себя и в безветренные летние дни ложился на берег маленького церковного пруда, любуясь на своё отражение и смеясь от удовольствия.

Дровосек и его жена корили его:
- Почему ты обижаешь тех, кто одинок и беспомощен? Почему ты так жесток к тем, кто нуждается в сострадание? Мы же всегда были добры к тебе.

* * *

Yet did his beauty work him evil. For he grew proud, and cruel, and selfish. The children of the Woodcutter, and the other children of the village, he despised, saying that they were of mean parentage, while he was noble, being sprang from a Star, and he made himself master over them, and called them his servants. No pity had he for the poor, or for those who were blind or maimed or in any way afflicted, but would cast stones at them and drive them forth on to the highway, and bid them beg their bread elsewhere, so that none save the outlaws came twice to that village to ask for alms. Indeed, he was as one enamoured of beauty, and would mock at the weakly and ill-favoured, and make jest of them; and himself he loved, and in summer, when the winds were still, he would lie by the well in the priest's orchard and look down at the marvel of his own face, and laugh for the pleasure he had in his fairness.

Often did the Woodcutter and his wife chide him, and say: "We did not deal with you as you deal with those who are left desolate, and have none to succour them. Wherefore are you so cruel to all who need pity?"

Старый деревенский священник часто посылал за ним и старался привить ему любовь.

- Даже муху не обижай, потому что она сестра тебе. Птицы в лесу свободны. Нехорошо ловить их в сети только для забавы. Земляной червь и крот - божьи творения, и каждому из них предназначено своё место на земле. Кто ты, чтобы вносить страдания в божий мир. Каждая тварь славит своего творца.

Звёздный Мальчик, нагнувши голову, хмурясь и усмехаясь, молча выслушивал наставления. Но стоило ему вернуться к товарищам, как он снова всеми повелевал. Дети слушались его, потому что он был красив, ловок, умел играть на дудке и танцевать. Деревенские мальчишки всюду ходили за ним. Дети всегда послушно исполняли всё, что он приказывал им. Они смеялись, когда он мучил крота, выкалывая ему глаза и кидал камнями в прокажённых. Им было по сердцу всё, что он ни делал, и их сердечки становились такими же каменными, как и его.

Однажды через их деревню проходила бедная нищенка. На ней была ветхая, разодранная одежда, а босые ноги кровоточили от острых камней, которые валялись на дороге. Разбитая, измученная, она села под каштановым деревом.

Заметив её, Звёздный Мальчик крикнул своим товарищам:

- Смотрите! Под каштановым деревом уселась какая-то грязная нищенка. Пошли, прогоним её оттуда: она портит такой великолепный вид своим уродством.

Он подбежал к нищенке и, насмехаясь, стал бросать в неё камни. В её глазах отражался ужас, но она не спускала глаз с мальчика.

Увидев это, дровосек выбежал из сарая, где колол дрова, и сердито сказал:

- Действительно в твоём сердце нет жалости! Что дурного сделала тебе эта несчастная женщина, и за что ты её бьёшь?

Often did the old priest send for him, and seek to teach him the love of living things, saying to him: "The fly is your brother. Do it no harm. The wild birds that roam through the forest have their freedom. Snare them not for your pleasure. God made the blind-worm and the mole, and each has its place. Who are you to bring pain into God's world? Even the cattle of the field praise Him."

But the Star-Child heeded not their words, but would frown and flout, and go back to his companions, and lead them. And his companions followed him, for he was fair, and fleet of foot, and could dance, and pipe, and make music. And wherever the Star-Child led them they followed, and whatever the Star-Child bade them do, that did they. And when he pierced with a sharp reed the dim eyes of the mole, they laughed, and when he cast stones at the leper they laughed also. And in all things he ruled them, and they became hard of heart even as he was.

Now there passed one day through the village a poor beggar-woman. Her garments were torn and ragged, and her feet were bleeding from the rough road on which she had travelled, and she was in very evil plight. And being weary she sat her down under a chestnut-tree to rest.

But when the Star-Child saw her, he said to his companions, "See! There sits a foul beggar-woman under that fair and green-leaved tree. Come, let us drive her hence, for she is ugly and ill-favoured."

So he came near and threw stones at her, and mocked her, and she looked at him with terror in her eyes, nor did she move her gaze from him. And when the Woodcutter, who was cleaving logs in a haggard hard by, saw what the Star-Child was doing, he ran up and rebuked him, and said to him: "Surely you are hard of heart and know not mercy, for what evil has this poor woman done to you that you should treat her in this wise?"

Звёздный мальчик покраснел от злости и, топнув ногой, сказал:

- Кто ты такой, чтобы мне перед тобой отчитываться? Я не твой сын и не желаю тебя слушаться!

- Ты прав, - ответил дровосек. - Но ведь я же пожалел тебя, когда нашёл в лесу.

Услышав эти слова, женщина вскрикнула и упала в обморок. Дровосек подхватил её, отнёс домой, его жена привела её в чувство, и, когда та очнулась, они предложили ей поесть и попить то, что нашлось в доме.

Но она, ничего не поев и не выпив, спросила:

- Вы сказали, что нашли этого мальчика в лесу. Не десять ли лет назад это было?

- Да, вот уж десять лет как я нашёл мальчика в лесу, и мы взяли его к себе, - ответил дровосек.

* * *

And the Star-Child grew red with anger, and stamped his foot upon the ground, and said, "Who are you to question me what I do? I am no son of yours to do your bidding."

"You speak truly," answered the Woodcutter, "yet did I show you pity when I found you in the forest."

And when the woman heard these words she gave a loud cry, and fell into a swoon. And the Woodcutter carried her to his own house, and his wife had care of her, and when she rose up from the swoon into which she had fallen, they set meat and drink before her, and bade her have comfort.

But she would neither eat nor drink, but said to the Woodcutter, "Did you not say that the child was found in the forest? And was it not ten years from this day?"

And the Woodcutter answered, "Yea, it was in the forest that I found him, and it is ten years from this day."

- А что ещё было с ним? - воскликнула она. - Не было ли на его шее янтарной цепочки? А не был ли он завёрнут в плащ из золотой ткани со звёздами?

- Правда ваша, - ответил дровосек, - так оно и было. - И показал женщине плащ и бусы из сундука.

Увидев их, женщина вскрикнула от радости.

- Это мой сынишка, которого я потеряла в лесу. Умоляю, позовите его быстрее сюда. Десять лет я ищу его по всему свету.

Дровосек и его жена выбежали из дома, позвали Звёздного Мальчика и сказали ему:

- Иди домой, там ты найдёшь свою маму, она ждёт тебя.

Удивлённый Звёздный Мальчик радостно вбежал домой. Но, увидев, кто его ждёт, он презрительно рассмеялся и воскликнул:

- Ну и где же моя мать? Тут никого нет, кроме этой оборванной женщины.

- Я твоя мать, - ответила женщина.

- Да ты просто с ума сошла! - сердито воскликнул мальчик. - Никакой я тебе не сын. Ты просто уродливая нищенка, одетая в какие-то тряпки. Я не хочу больше видеть тебя, уходи отсюда!

- Но ты действительно мой сын, - заплакала она, упав на колени и протянув к нему руки. - Разбойники напали на меня в лесу и украли тебя, а потом оставили одного умирать. Я сразу узнала тебя и те вещи, которые были с тобой: золотой плащ и янтарные бусы. Пойдём со мной, ведь я обошла целый свет, чтобы найти тебя. Пойдём, мне так нужна твоя любовь.

Но Звёздный Мальчик ни на шаг не сдвинулся со своего места. Он замкнул своё сердце и не проронил ни слова. Только рыдания несчастной матери были слышны в доме.

"And what signs did you find with him?" she cried. "Bare he not upon his neck a chain of amber? Was not round him a cloak of gold tissue broidered with stars?"

"Truly," answered the Woodcutter, "it was even as you say." And he took the cloak and the amber chain from the chest where they lay, and showed them to her.

And when she saw them she wept for joy, and said, "He is my little son whom I lost in the forest. I pray you send for him quickly, for in search of him have I wandered over the whole world."

So the Woodcutter and his wife went out and called to the Star-Child, and said to him, "Go into the house, and there shall you find your mother, who is waiting for you."

So he ran in, filled with wonder and great gladness. But when he saw her who was waiting there, he laughed scornfully and said, "Why, where is my mother? For I see none here but this vile beggar-woman."

And the woman answered him, "I am your mother."

"You are to say so," cried the Star-Child angrily. "I am no son of yours, for you are a beggar, and ugly, and in rags. Therefore get you hence, and let me see your foul face no more."

"Nay, but you are indeed my little son, whom I bare in the forest," she cried, and she fell on her knees, and held out her arms to him. "The robbers stole you from me, and left you to die," she murmured, "but I recognised you when I saw you, and the signs also have I recognised, the cloak of golden tissue and the amber chain. Therefore I pray you come with me, for over the whole world have I wandered in search of you. Come with me, my son, for I have need of your love."

But the Star-Child stirred not from his place, but shut the doors of his heart against her, nor was there any sound heard save the sound of the woman weeping for pain.

Наконец он заговорил, и слова его были жестокими.

- Даже если ты действительно моя мать, - сказал он, - лучше бы ты никогда не приходила сюда, чтобы не позорить меня. Я думал, что я сын звезды, а ты говоришь мне, что я сын нищей. Поэтому убирайся отсюда, чтобы я больше никогда тебя не видел.

- О! Мой сын! - заплакала она. - Может быть ты поцелуешь меня прежде, чем я уйду. Я столько страдала, чтобы найти тебя.

- Нет, - сказал Звёздный Мальчик. - Мне противно даже смотреть на тебя. Лучше уж я поцелую гадюку или жабу, чем тебя.

Горько заплакав, женщина ушла и скрылась в лесу. Когда она пропала из виду, Звёздный Мальчик радостно побежал к своим приятелям, чтобы продолжить игру.

Но дети стали насмехаться над ним, говоря:

- Какой ты гадкий, точно жаба или змея! Уходи отсюда прочь! Мы не станем играть с тобой, и они прогнали его из сада.

Звёздный Мальчик нахмурился и подумал: «Что это значит? Пойду-ка я к пруду, полюбуюсь на своё отражение».

Он подошёл к пруду и взглянул на своё отражение. Но что это! Лицо его стало противным, как у лягушки, а кожа блестела, как змеиная чешуя. Рыдая, Звёздный Мальчик упал на траву и подумал: «Я сам виноват! Я отрёкся от своей матери и выгнал её из дома. Как я был жесток с ней! Я пойду искать её по белому свету, и не будет мне покоя, пока я не найду её».

Младшая дочка дровосека подошла к нему, положила свою руку ему на плечо и сказала.

- Это неважно, что ты стал некрасив. Оставайся жить с нами. Я никогда не стану над тобой насмехаться.

- Не могу, - ответил Звёздный Мальчик. - Я был жесток со своей матерью, и дьявол послал мне это наказание. Поэтому я должен скитаться по всему миру, пока я не найду её. Только она может дать мне прощение.

And at last he spoke to her, and his voice was hard and bitter. "If in very truth you are my mother," he said, "it had been better had you stayed away, and not come here to bring me to shame, seeing that I thought I was the child of some Star, and not a beggar's child, as you tell me that I am. Therefore get you hence, and let me see you no more."

"Alas! my son," she cried, "will you not kiss me before I go? For I have suffered much to find you."

"Nay," said the Star-Child, "but you are too foul to look at, and rather would I kiss the adder or the toad than you."

So the woman rose up, and went away into the forest weeping bitterly, and when the Star-Child saw that she had gone, he was glad, and ran back to his playmates that he might play with them.

But when they beheld him coming, they mocked him and said, "Why, you are as foul as the toad, and as loathsome as the adder. Get you hence, for we will not suffer you to play with us," and they drave him out of the garden.

And the Star-Child frowned and said to himself, *What is this that they say to me? I will go to the well of water and look into it, and it shall tell me of my beauty.*

So he went to the well of water and looked into it, and lo! his face was as the face of a toad, and his body was sealed like an adder. And he flung himself down on the grass and wept, and said to himself, *Surely this has come upon me by reason of my sin. For I have denied my mother, and driven her away, and been proud, and cruel to her. Wherefore I will go and seek her through the whole world, nor will I rest till I have found her.*

And there came to him the little daughter of the Woodcutter, and she put her hand upon his shoulder and said, "What does it matter if you have lost your comeliness? Stay with us, and I will not mock at you."

And he said to her, "Nay, but I have been cruel to my mother, and as a punishment has this evil been sent to me. Wherefore I must go hence, and wander through the world till I find her, and she give me her forgiveness."

Он побежал в лес, крича и моля мать вернуться, но ответа не было. Весь день мальчик звал её, и только, когда зашло солнце, он лёг на охапку листьев. Звери и птицы убегали от него, помня его жестокость. Он был одинок, и только жаба следила за ним, а ядовитая змея без опасения проползла мимо него.

Рано утром он встал, собрал и поел горьких ягод и, плача, пошёл дальше по дороге через тёмный и страшный лес.

И кто бы ему ни попадался на пути, он всех спрашивал, не встречали ли они его мать.

- Ты живёшь под землёй. Ты не видел там моей мамы? - спросил он у крота.

- Ты выколол мне глаза, - отвечал тот. - Откуда же мне теперь знать?

- Ты паришь над верхушками деревьев и видишь всю землю, скажи, не видала ли ты моей матери? - спросил он у коноплянки.

- Ты подрезал мне крылья ради забавы - как же мне теперь летать?

Мальчик спросил маленькую одинокую белку, которая жила на высокой сосне:

- Где моя мама?

Белка ответила:

- Ты убил мою мать. Я боюсь, что ты ищешь свою мать, чтобы убить её.

Звёздный Мальчик пал на колени и со слезами на глазах попросил прощенья у божьих творений и пошёл искать нищенку. На третий день он вышел из леса и пошёл по долине.

Когда он проходил через деревни, мальчишки дразнили его и кидали в него камнями. А крестьяне не пускали его переночевать даже в хлев, чтобы он не навёл порчу на заготовленное зерно - так мерзок был его вид. Некому было пожалеть его, и никто не видал ту нищенку, которая была его матерью. Вот уже три года он бродил по свету, и не раз ему казалась, что она вон там - впереди. И он звал её и бежал за ней, пока его ноги не начинали кровоточить от острых камней на дороге.

So he ran away into the forest and called out to his mother to come to him, but there was no answer. All day long he called to her, and, when the sun set he lay down to sleep on a bed of leaves, and the birds and the animals fled from him, for they remembered his cruelty, and he was alone save for the toad that watched him, and the slow adder that crawled past.

And in the morning he rose up, and plucked some bitter berries from the trees and ate them, and took his way through the great wood, weeping sorely. And of everything that he met he made inquiry if perchance they had seen his mother.

He said to the Mole, "You can go beneath the earth. Tell me, is my mother there?"

And the Mole answered, "You have blinded mine eyes. How should I know?"

He said to the Linnet, "You can fly over the tops of the tall trees, and can see the whole world. Tell me, can you see my mother?"

And the Linnet answered, "You have clipt my wings for your pleasure. How should I fly?"

And to the little Squirrel who lived in the fir-tree, and was lonely, he said, "Where is my mother?"

And the Squirrel answered, 'You have slain mine. Do you seek to slay yours also?'

And the Star-Child wept and bowed his head, and prayed forgiveness of God's things, and went on through the forest, seeking for the beggar-woman. And on the third day he came to the other side of the forest and went down into the plain.

And when he passed through the villages the children mocked him, and threw stones at him, and the carlots would not suffer him even to sleep in the byres lest he might bring mildew on the stored corn, so foul was he to look at, and their hired men drave him away, and there was none who had pity on him. Nor could he hear anywhere of the beggar-woman who was his mother, though for the space of three years he wandered over the world, and often seemed to see her on the road in front of him, and would call to her, and run after her till the sharp flints made his feet to bleed.

Но догнать её он не мог, а встречные путники не видели никого похожего и насмехались над его горем.

Так он бродил по свету три года, но не встретил ни любви, ни милосердия, ни доброты. Мир был ровно таким, каким он его сделал во времена своей великой гордыни.

Как-то вечером, измождённый и босой, он подошёл к воротам крепости у реки, но стражники загородили ему вход и грубо спросили:

- Что тебе надо в городе?

- Я ищу свою маму. Прошу вас, разрешите мне пройти; может быть, она в городе, - попросил Звёздный Мальчик.

Но они стали насмехаться над ним, а стражник с чёрной бородой опёрся на свой щит и воскликнул:

- Не думаю, чтобы твоя мать обрадовалась бы тебе, ведь ты безобразнее болотной жабы или мерзкой гадюки. Уходи прочь отсюда! Уходи прочь отсюда! В городе нет твоей матери.

Другой стражник, который держал жёлтый вымпел, спросил его:

- А кто твоя мать? Почему ты её ищешь?

- Она такая же нищая, как и я. Я ей причинил зло. Умоляю, пропустите меня. Вдруг она в городе и сможет простить меня, - ответил он.

Но они стали выталкивать его своими копьями.

Когда Звёздный Мальчик уже уходил, рыдая, к стражникам подошёл человек с золочёнными цветами на латах и крылатым львом на шлеме и поинтересовался, кто хотел попасть в город.

- Это был нищий сын нищей матери. Мы прогнали его, - ответили стражники.

- Лучше продадим его в рабство и заработаем на бутылку красного вина, - воскликнул он, смеясь.

Мимо проходил старик с дьявольским выражением лица.

But overtake her he could not, and those who dwelt by the way did ever deny that they had seen her, or any like to her, and they made sport of his sorrow.

For the space of three years he wandered over the world, and in the world there was neither love nor loving-kindness nor charity for him, but it was even such a world as he had made for himself in the days of his great pride.

And one evening he came to the gate of a strong-walled city that stood by a river, and, weary and footsore though he was, he made to enter in. But the soldiers who stood on guard dropped their halberts across the entrance, and said roughly to him, "What is your business in the city?"

"I am seeking for my mother," he answered, "and I pray you to suffer me to pass, for it may be that she is in this city."

But they mocked at him, and one of them wagged a black beard, and set down his shield and cried, "Of a truth, your mother will not be merry when she sees you, for you are more ill-favoured than the toad of the marsh, or the adder that crawls in the fen. Get yourself gone. Get yourself gone. Your mother dwells not in this city."

And another, who held a yellow banner in his hand, said to him, "Who is your mother, and wherefore are you seeking for her?"

And he answered, "My mother is a beggar even as I am, and I have treated her evilly, and I pray you to suffer me to pass that she may give me her forgiveness, if it be that she tarries in this city." But they would not, and pricked him with their spears.

And, as he turned away weeping, one whose armour was inlaid with gilt flowers, and on whose helmet couched a lion that had wings, came up and made inquiry of the soldiers who it was who had sought entrance. And they said to him, "It is a beggar and the child of a beggar, and we have driven him away."

"Nay," he cried, laughing, "but we will sell the foul thing for a slave, and his price shall be the price of a bowl of sweet wine."

- Я покупаю его за эту цену, - крикнул он и, уплатив, взял Звёздного Мальчика за руку и повёл его в город.

Проплутав по многим улочкам, они оказались перед маленькой дверью в стене, скрытой за гранатовым деревом. Старик прикоснулся к дверце кольцом из яшмы и та открылась; они спустились по пяти бронзовым ступенькам в сад, где росли чёрные маки и стояли зелёные глиняные кувшины. Старик вытянул из своей чалмы полоску из расписного шёлка, завязал ею глаза Звёздного Мальчика и стал подталкивать его перед собой. Когда Звёздному Мальчику развязали глаза, он увидел, что находится в подземелье, освещённом тусклым фонарём.

Старик швырнул перед мальчиком кусок заплесневелого хлеба.
- Ешь, - сказал он.
- Пей, - проворчал он, поставив кружку с солёной водой.

Когда Звёздный Мальчик поел и попил, старик ушёл, заперев дверь снаружи на железный засов.

* * *

And an old and evil-visaged man who was passing by called out, and said, "I will buy him for that price," and, when he had paid the price, he took the Star-Child by the hand and led him into the city.

And after that they had gone through many streets they came to a little door that was set in a wall that was covered with a pomegranate tree. And the old man touched the door with a ring of graved jasper and it opened, and they went down five steps of brass into a garden filled with black poppies and green jars of burnt clay. And the old man took then from his turban a scarf of figured silk, and bound with it the eyes of the Star-Child, and drave him in front of him. And when the scarf was taken off his eyes, the Star-Child found himself in a dungeon, that was lit by a lantern of horn.

And the old man set before him some mouldy bread on a trencher and said, "Eat," and some brackish water in a cup and said, "Drink," and when he had eaten and drunk, the old man went out, locking the door behind him and fastening it with an iron chain.

На следующее утро старик, который был последним из Ливийских магов, а искусству своему он учился у колдуна, который жил в склепе на берегу Нила, пришёл в темницу, нахмурился и сказал:

- В лесу около городских ворот спрятаны три слитка золота: белый, жёлтый и красный. Сегодня ты мне принесёшь белый слиток. А если ты не сделаешь этого, я всыплю тебе сотню палок. Иди скорее, и на закате я буду ждать тебя у двери в сад. Не перепутай: принеси мне белый слиток и помни, что ты мой раб и я купил тебя по цене кувшина сладкого вина.

Старик опять завязал глаза мальчику и вывел его из дома. Они прошли через маковый сад, поднялись на пять бронзовых ступенек, и, открыв дверь кольцом, старик выставил его на улицу.

Звёздный Мальчик вышел через ворота и отправился в лес, как велел ему колдун.

С виду лес был так красив, что казалось он полон пением птиц и ароматом прекрасных цветов. Но когда мальчик углубился в чащу, от этой красоты не осталось и следа; колючие кусты шиповника и боярышника не давали ему прохода, крапива больно хлестала его, и чертополох, словно стальными иглами, впивался в тело мальчика. Он искал слиток белого золота, о котором говорил старик, с самого утра и до заката солнца, но нигде не мог его найти. Когда зашло солнце, он отправился домой. Горькие слёзы текли из его глаз, так как он знал, какая участь его ожидает.

Выйдя на опушку леса, Звёздный Мальчик услышал жалобный крик. Забыв про своё горе, он бросился в ту сторону и увидел маленького зайчика, попавшего в капкан охотника.

Звёздный Мальчик пожалел и освободил его со словами:

- Хоть я и сам раб, однако могу даровать тебе свободу.

And on the morrow the old man, who was indeed the subtlest of the magicians of Libya and had learned his art from one who dwelt in the tombs of the Nile, came in to him and frowned at him, and said, "In a wood that is nigh to the gate of this city of Giaours there are three pieces of gold. One is of white gold, and another is of yellow gold, and the gold of the third one is red. Today you shall bring me the piece of white gold, and if you bring it not back, I will beat you with a hundred stripes. Get yourself away quickly, and at sunset I will be waiting for you at the door of the garden. See that you bring the white gold, or it shall go ill with you, for you are my slave, and I have bought you for the price of a bowl of sweet wine." And he bound the eyes of the Star-Child with the scarf of figured silk, and led him through the house, and through the garden of poppies, and up the five steps of brass. And having opened the little door with his ring he set him in the street.

And the Star-Child went out of the gate of the city, and came to the wood of which the Magician had spoken to him.

Now this wood was very fair to look at from without, and seemed full of singing birds and of sweet-scented flowers, and the Star- Child entered it gladly. Yet did its beauty profit him little, for wherever he went harsh briars and thorns shot up from the ground and encompassed him, and evil nettles stung him, and the thistle pierced him with her daggers, so that he was in sore distress. Nor could he anywhere find the piece of white gold of which the Magician had spoken, though he sought for it from morn to noon, and from noon to sunset. And at sunset he set his face towards home, weeping bitterly, for he knew what fate was in store for him.

But when he had reached the outskirts of the wood, he heard from a thicket a cry as of some one in pain. And forgetting his own sorrow he ran back to the place, and saw there a little Hare caught in a trap that some hunter had set for it.

And the Star-Child had pity on it, and released it, and said to it, "I am myself but a slave, yet may I give you your freedom."

- Ты подарил мне свободу, - сказал заяц, - чем мне отблагодарить тебя?

Звёздный Мальчик ответил:

- Я ищу слиток белого золота, но нигде не могу найти его. Мой хозяин изобьёт меня, если я вернусь с пустыми руками.

- Пойдем со мной, - сказал заяц. - Я проведу тебя к нему; я знаю, где он спрятан и с какой целью.

Мальчик пошел за зайцем и о, чудо! В расселине дуба он нашёл слиток белого золота!

Обрадованный находкой, он стал благодарить зайца.

- Ты сполна отплатил мне за то, что я выпустил тебя, а за мою доброту - в сто раз больше.

- Нет! - ответил заяц. - Просто я сделал то же, что и ты.

И заяц быстро скрылся, а Звёздный Мальчик направился в город.

* * *

And the Hare answered him, and said: "Surely you have given me freedom, and what shall I give you in return?"

And the Star-Child said to it, "I am seeking for a piece of white gold, nor can I anywhere find it, and if I bring it not to my master he will beat me."

"Come you with me," said the Hare, "and I will lead you to it, for I know where it is hidden, and for what purpose."

So the Star-Child went with the Hare, and lo! in the cleft of a great oak-tree he saw the piece of white gold that he was seeking. And he was filled with joy, and seized it, and said to the Hare, "The service that I did to you you have rendered back again many times over, and the kindness that I showed you you have repaid a hundred-fold."

"Nay," answered the Hare, "but as you dealt with me, so I did deal with you," and it ran away swiftly, and the Star-Child went towards the city.

У городских ворот сидел прокажённый. Серый капюшон закрывал всё его лицо, а сквозь отверстия в нём сверкали, как угли, глаза. Когда он заметил Звёздного Мальчика, то громко ударил по дну деревянной чашки и, позвонив в колокольчик, сказал:.

- Дай мне денег, или я умру от голода. Меня изгнали из города, и никто меня не жалеет.

- Но я не могу, - заплакал мальчик. - Потому что в моём кармане всего-навсего один слиток золота, и тот я обязан принести своему господину. Если я не принесу его, он убьёт меня, ведь я его раб.

Но прокажённый начал упрашивать Звёздного Мальчика пожалеть его. Мальчик сжалился над ним и отдал ему слиток белого золота.

***

Now at the gate of the city there was seated one who was a leper. Over his face hung a cowl of grey linen, and through the eyelets his eyes gleamed like red coals. And when he saw the Star-Child coming, he struck upon a wooden bowl, and clattered his bell, and called out to him, and said, "Give me a piece of money, or I must die of hunger. For they have thrust me out of the city, and there is no one who has pity on me."

"Alas!" cried the Star-Child, "I have but one piece of money in my wallet, and if I bring it not to my master he will beat me, for I am his slave."

But the leper entreated him, and prayed of him, till the Star-Child had pity, and gave him the piece of white gold.

Когда он подошёл к дому мага, дверь открылась, и колдун, впустив его в дом, спросил:

- Ты принёс мне слиток белого золота?
- У меня ничего нет, - ответил Звёздный Мальчик.

Тогда маг набросился на него и избил, затем бросил перед ним пустую миску.

- Ешь! - сказал он.

Потом он поставил перед ним пустую кружку.

- Пей!

И опять заключил его в темницу.

Наутро колдун опять пришёл за Звёздным Мальчиком и сказал:

- Если ты сегодня не принесёшь мне слиток жёлтого золота, то навсегда останешься моим рабом, и я всыплю тебе триста палок.

Звёздный Мальчик опять побрёл в лес. Весь день он искал жёлтое золото, но нигде не мог его найти. На закате мальчик сел и заплакал. Пока он горевал, прискакал заяц, которого он вчера освободил из западни и спросил:

- Почему ты плачешь? И что ты ищешь в лесу?
- Я ищу слиток жёлтого золота. Если я его не найду, мой господин изобьёт меня, и я навсегда останусь рабом, - ответил Звёздный Мальчик.
- Иди за мной, - крикнул заяц и поскакал через лес к маленькому пруду. На дне его лежал жёлтый слиток.
- Как мне отблагодарить тебя? - спросил Звёздный Мальчик. - Ты уже второй раз выручаешь меня.
- Ты первый сжалился надо мной, - ответил заяц и убежал.

Звёздный Мальчик достал слиток, положил его себе в карман и поспешил в город. Прокажённый, увидев его, поспешил навстречу, упал на колени и воскликнул:

- Дай мне денег, или я умру от голода.

And when he came to the Magician's house, the Magician opened to him, and brought him in, and said to him, "Have you the piece of white gold?" And the Star-Child answered, "I have it not." So the Magician fell upon him, and beat him, and set before him an empty trencher, and said, "Eat," and an empty cup, and said, "Drink," and flung him again into the dungeon.

And on the morrow the Magician came to him, and said, "If today you bring me not the piece of yellow gold, I will surely keep you as my slave, and give you three hundred stripes."

So the Star-Child went to the wood, and all day long he searched for the piece of yellow gold, but nowhere could he find it. And at sunset he sat him down and began to weep, and as he was weeping there came to him the little Hare that he had rescued from the trap.

And the Hare said to him, "Why are you weeping? And what do you seek in the wood?"

And the Star-Child answered, "I am seeking for a piece of yellow gold that is hidden here, and if I find it not my master will beat me, and keep me as a slave."

"Follow me," cried the Hare, and it ran through the wood till it came to a pool of water. And at the bottom of the pool the piece of yellow gold was lying.

"How shall I thank you?" said the Star-Child, "for lo! this is the second time that you have succoured me."

"Nay, but you had pity on me first," said the Hare, and it ran away swiftly.

And the Star-Child took the piece of yellow gold, and put it in his wallet, and hurried to the city. But the leper saw him coming, and ran to meet him, and knelt down and cried, "Give me a piece of money or I shall die of hunger."

- Но у меня один лишь слиток золота, - сказал Звёздный Мальчик. - Если я не принесу его моему господину, то он изобьёт меня.

Но прокажённый начал упрашивать Звёздного Мальчика пожалеть его. Мальчик сжалился над ним и отдал ему слиток жёлтого золота.

Когда он пришёл к дому мага, дверь открылась, и колдун, впустив его, спросил:

- Ты принёс мне слиток жёлтого золота?
- У меня его нет, - ответил Звёздный Мальчик.

Тогда маг набросился на него и избил. Потом он заковал его в железные цепи и бросил в подземелье.

Утром колдун снова пришёл к Звёздному Мальчику и сказал:

- Если ты сегодня принесёшь мне слиток красного золота, я отпущу тебя на волю, если нет, то убью тебя.

Звёздный Мальчик опять побрёл в лес. Весь день он искал слиток красного золота, но нигде не мог его найти. Вечером мальчик сел и заплакал, вскоре к нему прискакал заяц и сказал:

- Слиток красного золота лежит за тобой в пещере. Не плачь и не грусти.

- Чем же я отплачу тебе? - воскликнул Звёздный Мальчик. - Ведь ты уже в третий раз помогаешь мне.

- Ты первый сжалился надо мной, - ответил заяц и убежал.

Звёздный Мальчик вошёл в пещеру, где в дальнем углу и нашёл слиток красного золота. Он положил его в карман и поспешил в город.

Прокажённый уже стоял посреди дороги. Увидев мальчика, он взмолился:

- Дай мне слиток красного золота, или я умру.

Опять сжалившись, Звёздный Мальчик протянул ему слиток красного золота и сказал:

- Тебе оно нужнее, чем мне.

На сердце у него было тяжело, он знал, что злая судьба ожидала его.

And the Star-Child said to him, "I have in my wallet but one piece of yellow gold, and if I bring it not to my master he will beat me and keep me as his slave."

But the leper entreated him sore, so that the Star-Child had pity on him, and gave him the piece of yellow gold.

And when he came to the Magician's house, the Magician opened to him, and brought him in, and said to him, "Have you the piece of yellow gold?" And the Star-Child said to him, "I have it not." So the Magician fell upon him, and beat him, and loaded him with chains, and cast him again into the dungeon.

And on the morrow the Magician came to him, and said, "If today you bring me the piece of red gold I will set you free, but if you bring it not I will surely slay you."

So the Star-Child went to the wood, and all day long he searched for the piece of red gold, but nowhere could he find it. And at evening he sat him down and wept, and as he was weeping there came to him the little Hare.

And the Hare said to him, "The piece of red gold that you seek is in the cavern that is behind you. Therefore weep no more but be glad."

"How shall I reward you?" cried the Star-Child, "for lo! this is the third time you have succoured me."

"Nay, but you have pity on me first," said the Hare, and it ran away swiftly.

And the Star-Child entered the cavern, and in its farthest corner he found the piece of red gold. So he put it in his wallet, and hurried to the city. And the leper seeing him coming, stood in the centre of the road, and cried out, and said to him, "Give me the piece of red money, or I must die," and the Star-Child had pity on him again, and gave him the piece of red gold, saying, "Your need is greater than mine." Yet was his heart heavy, for he knew what evil fate awaited him.

Но о чудо! Когда он проходил ворота города, стражники отдали честь и поклонились ему со словами:

- Как прекрасен наш господин!

А толпа горожан бежала за ним и кричала:

- Лучше его нет никого на свете!

Звёздный Мальчик заплакал и подумал:

«Они издеваются надо мной, моё несчастье лишь веселит их».

И так велико было стечение народа, что он заблудился и оказался на большой дворцовой площади.

Двери дворца распахнулись, священники с сановниками и вся городская знать вышли ему навстречу, склонились пред ним и сказали:

- Ты - сын нашего короля и наш государь, которого мы ждали.

- Я сын не короля, а бедной нищенки. Почему вы зовёте меня прекрасным, я же знаю, как я уродлив? - ответил Звёздный Мальчик.

Тогда воин с золочёнными цветами на латах и крылатым львом на шлеме поднял свой щит и воскликнул:

- Разве наш господин не прекрасен?

Звёздный Мальчик взглянул на отражение своего лица в щите и увидел, что красота снова вернулась к нему, но он увидел что-то в своих глазах, чего не было раньше.

Священники и сановники склонились пред ним и сказали:

- Древнее пророчество гласит, что в этот день придёт наш государь. Тебе надлежит принять из наших рук корону и скипетр. Будь нашим королём, милосердным и справедливым.

- Но я не достоин: я отрёкся от матери, которая родила меня, и не будет мне ни прощения, ни покоя, пока я не найду её. Я должен снова без промедления обойти весь мир, и ни корона, ни скипетр не удержат меня здесь, - ответил он.

Звёздный Мальчик повернулся к городским воротам и в толпе, которую уже успели оттеснить стражники, заметил нищенку - свою мать, а рядом с ней - прокажённого.

But lo! as he passed through the gate of the city, the guards bowed down and made obeisance to him, saying, "How beautiful is our lord!" and a crowd of citizens followed him, and cried out, "Surely there is none so beautiful in the whole world!" so that the Star-Child wept, and said to himself, 'They are mocking me, and making light of my misery.' And so large was the concourse of the people, that he lost the threads of his way, and found himself at last in a great square, in which there was a palace of a King.

And the gate of the palace opened, and the priests and the high officers of the city ran forth to meet him, and they abased themselves before him, and said, "You are our lord for whom we have been waiting, and the son of our King."

And the Star-Child answered them and said, "I am no king's son, but the child of a poor beggar-woman. And how say you that I am beautiful, for I know that I am evil to look at?"

Then he, whose armour was inlaid with gilt flowers, and on whose helmet crouched a lion that had wings, held up a shield, and cried, "How says my lord that he is not beautiful?"

And the Star-Child looked, and lo! his face was even as it had been, and his comeliness had come back to him, and he saw that in his eyes which he had not seen there before.

And the priests and the high officers knelt down and said to him, "It was prophesied of old that on this day should come he who was to rule over us. Therefore, let our lord take this crown and this sceptre, and be in his justice and mercy our King over us."

But he said to them, "I am not worthy, for I have denied the mother who bare me, nor may I rest till I have found her, and known her forgiveness. Therefore, let me go, for I must wander again over the world, and may not tarry here, though ye bring me the crown and the sceptre." And as he spake he turned his face from them towards the street that led to the gate of the city, and lo! among the crowd that pressed round the soldiers, he saw the beggar-woman who was his mother, and at her side stood the leper, who had sat by the road.

Радостно вскрикнув, Звёздный Мальчик бросился к матери, упал к её ногам и расцеловал их. Он омочил слезами её раны, и, опустив голову к земле, рыдая сказал:

- Мама! Я оттолкнул тебя в час моей гордости. Прими же меня теперь в час моего унижения. Мама, я ненавидел тебя, а ты дай мне свою любовь. Мама, я отрёкся от тебя - признай сейчас своего ребёнка.

Ни слова не проронила нищенка.

Тогда Звёздный Мальчик протянул руки, обхватил бледные ноги прокажённого и сказал:

- Три раза сжалился я над тобой. Уговори мою мать поговорить со мной хотя бы один раз.

Но прокажённый ничего не ответил.

Зарыдал несчастный Звёздный Мальчик:

- Мама, я не могу больше этого вынести! Прости меня, и я пойду обратно в лес.

- Встань! - сказала нищая и положила руку ему на голову.

- Встань! - сказал прокажённый и тоже положил свою руку ему на голову.

Звёздный Мальчик поднялся на ноги, посмотрел на них и о чудо! Перед ним стояли король и королева.

И сказала королева:

- Тот, кому ты помог, - твой отец.

И сказал король:

- Та, чьи ноги ты поливал своими слезами, - твоя мать.

Они обняли и расцеловали его, повели во дворец, нарядили в лучшие одежды, возложили корону на его голову и вручили ему скипетр. И стал он править городом у реки.

And a cry of joy broke from his lips, and he ran over, and kneeling down he kissed the wounds on his mother's feet, and wet them with his tears. He bowed his head in the dust, and sobbing, as one whose heart might break, he said to her: "Mother, I denied you in the hour of my pride. Accept me in the hour of my humility. Mother, I gave you hatred. Do you give me love. Mother, I rejected you. Receive your child now." But the beggar-woman answered him not a word.

And he reached out his hands, and clasped the white feet of the leper, and said to him: "Thrice did I give you of my mercy. Bid my mother speak to me once." But the leper answered him not a word.

And he sobbed again and said: "Mother, my suffering is greater than I can bear. Give me your forgiveness, and let me go back to the forest." And the beggar-woman put her hand on his head, and said to him, "Rise," and the leper put his hand on his head, and said to him, "Rise," also.

And he rose up from his feet, and looked at them, and lo! they were a King and a Queen.

And the Queen said to him, "This is your father whom you have succoured."

And the King said, "This is your mother whose feet you have washed with your tears." And they fell on his neck and kissed him, and brought him into the palace and clothed him in fair raiment, and set the crown upon his head, and the sceptre in his hand, and over the city that stood by the river he ruled, and was its lord.

Как повелитель, он был добр и справедлив ко всем. Злого мага он изгнал, а дровосека и его жену одарил дорогими подарками, высокую честь оказал он их детям. Не выносил он жестокости ни к птицам, ни к зверям. Он учил своих подданных любви, доброте и милосердию. Он кормил голодных и одевал нагих. И воцарился в той стране мир и изобилие.

Но царствовал он не долго. Прошлое мучило его, и он страдал. Спустя три года он умер, не выдержав своих страданий.

А после него воцарился злой правитель.

***

Much justice and mercy did he show to all, and the evil Magician he banished, and to the Woodcutter and his wife he sent many rich gifts, and to their children he gave high honour. Nor would he suffer any to be cruel to bird or beast, but taught love and loving-kindness and charity, and to the poor he gave bread, and to the naked he gave raiment, and there was peace and plenty in the land.

Yet ruled he not long, so great had been his suffering, and so bitter the fire of his testing, for after the space of three years he died. And he who came after him ruled evilly.

Copyright © 2015 by Svetlana Bagdasaryan.
All rights reserved.

Made in the USA
San Bernardino, CA
22 July 2015